EDITION KORUND

Zum Autor

Klaus Zillessen, geb. in Hengelo (Niederlande), studierte Theologie in Heidelberg, Göttingen und Münster. Pfarrer im Ruhrgebiet, im Schwarzwald und Dekan am Hochrhein. Verheiratet und vier Kinder. – Der Autor hat bisher verschiedene heiter gereimte biblische Geschichten und Weihnachtserzählungen veröffentlicht sowie zahlreiche Predigten und anderes für den Religionsunterricht und die Praxis des Pfarramts. Im Jahr 2011 war er einer der Gewinner des Autorenwettbewerbs der deutschen Seniorenliga.

Klaus Zillessen

Gurkenglas, Spinatwachtel und Sockengenese

Fünf heitere Geschichten

edition korund im k. fischer verlag

GURKENGLAS
EINE NACHWEIHNACHTLICHE BEICHTE

Ich gestehe: Der Weihnachtspredigt unseres Pfarrers habe ich in diesem Jahr nur mit deutlich abnehmender Aufmerksamkeit zugehört, obwohl ich ganz vorn in der ersten Bankreihe saß. Dort ist mein Platz, wenn unser Kirchenchor – wie man bei uns sagt – einen »Auftritt« hat. Selbstverständlich singen wir vor allem zu Gottes Lob und Ehre, aber von der Gemeinde wollen wir natürlich auch wahrgenommen werden. Deswegen stehen wir – allen liturgischen Bedenken zum Trotz – nicht auf der Empore oder seitlich im Kirchenschiff, sondern bilden (soweit das mit sechzehn Sängerinnen und Sängern möglich ist) eine dichte Mauer vor dem Altar. Man könnte sogar von einer »Phalanx« sprechen, wenn diese Bezeichnung nicht zu martialisch wäre und der Intention »Friede auf Erden« völlig widerspräche.

Heute am ersten Weihnachtstag sitze ich nicht nur in der ersten Reihe, sondern zugleich unmittelbar vor der Krippe. Wir Ettenheimer haben künstlerisch wertvolle Krippenfiguren aus Terrakotta mit fein modellierten Gesichtszügen. Unsere Messnerin ist wohl der Überzeugung, dass man nicht nur die Kirchenchorsänger, sondern auch die Gesichter der Krippenfiguren von vorne sehen solle, die staunenden Augen der Hirten, ihre andächtig anbetenden Gesichtszüge. Deswegen hat sie die beiden Hirten der Gemeinde zugewandt aufgestellt. Allerdings kehren sie so dem Krippenkind ihre ästhetisch unausgeprägten Rückseiten zu. Gelegentlich muss man im Leben wohl solche Kompromisse eingehen.

Und dennoch störte mich diese kühne Entscheidung unser Messnerin. Als die Chorleiterin durch energisches Kopfnicken das Zeichen zum »Auftritt« gab, drehte ich im Vorbeigehen blitzschnell die beiden Hirten um 180 Grad, sodass ihr staunendes Anbeten jetzt wieder dem Christkind und nicht der Ettenheimer Festtagsgemeinde zugutekam. Meine Position in der Mauer erreichte ich noch rechtzeitig.

Sie werden inzwischen ungeduldig fragen: Was hat es denn nun mit dem Gurkenglas auf sich? Um ehrlich zu sein: Ich wollte noch etwas Zeit gewinnen, weil mir die Sache peinlich ist. Aber jetzt muss es raus:

Auf dem Krippenareal ganz vorn, noch näher als das Christkind und das heilige Ehepaar, stand vor mir das Gurkenglas. Selbstverständlich waren keine Gurken mehr darin. Das wäre schon deswegen nicht sinnvoll gewesen, weil das Glas einen Sprung hatte, den die Messnerin aber der zur Gemeinde abgewandten Seite zugedreht hatte. Höchstens der Pfarrer, beim Herausschreiten aus der Sakristei, hätte den kleinen Schönheitsfehler bemerken können. Das Etikett auf dem Glas war aus naheliegendem Grund abgewaschen worden. Deswegen kann ich nicht sagen, ob es sich hier ursprünglich um die saure Gurkenauslese der Firma Kühne oder um die – privat von mir bevorzugten – »Original-Spreewaldgurken« gehandelt haben könnte. Jetzt befand sich jedenfalls in dem Glas (als Krippenlicht) eine zu vier Fünftel abgebrannte, ausgediente Adventskranzkerze, die man allerdings – vielleicht sogar glücklicherweise – anzuzünden vergessen hatte.

Bei den gottesdienstlichen Ankündigungen raunte ich meinem Chorbruder Lorenz, einem ebenfalls im Ruhestand befindlichen, gelegentlich aber noch praktizierenden Liturgen, zu: »Was halten Sie davon, wenn ich das Gurkenglas verschwinden lasse?« – »Nur zu!«, ermunterte er mich.

Der Gottesdienst ging zu Ende. Ich wollte schon gehen, da stieß mich mein Mitsänger sanft in die Seite: »Hatten Sie nicht noch eine Mission zu erfüllen?« – »Na klar!«

Beim Abtreten des Chores (oder spricht man entsprechend zu »Auftritt«, auch wenn es unerwünschte Assoziationen hervorruft, von einem »Abtritt«?) führten mich meine Schritte in Richtung Sakristei und Gemeindesaal wieder an der Krippe vorbei. Blitzschnell – inzwischen war ich ja auch schon ein wenig geübt – ergriff ich das Gurkenglas und ließ es im Faltenwurf meines Wintermantels verschwinden.

Nicht dass Sie denken, ich hätte mich eines Kirchenraubs

schuldig gemacht! Leere und angeschlagene Gurkengläser haben wir zu Hause im Keller in ausreichendem Maße. Ich versteckte das fragliche Objekt im Bücherregal des Gemeindesaales hinter einer Reihe alter Gesangsbücher.

Unsere Kirche besuchte ich am zweiten Feiertag nicht nur aus dem Wunsch nach einem ganz schlichten und ruhigen Gottesdienst, sondern auch, um mit Befriedigung feststellen zu können, dass das Gurkenglas nicht wieder aufgetaucht war.

Und doch nagt jetzt der Zweifel an mir: Habe ich wirklich ein gutes Werk getan oder nur unverfroren und unbefugt in den Aufgabenbereich und die ästhetischen Überzeugungen kirchlicher Mitarbeiter eingegriffen? Wo kämen wir hin, wenn jeder Beliebige in selbstherrlicher Willkür Teile der Krippe liquidierte! Der eine die Marienfigur, weil er unbiblische Mariologie oder überzogene Marienfrömmigkeit wittern zu müssen meint, der andere Ochse und Esel, weil sie in der Weihnachtsgeschichte des Lukas gar nicht vorkommen, der Dritte den Josef, weil – streng feministisch gesehen – die Zahl der Mannsbilder hier ohnehin den geschlechtlichen Proporz höchst einseitig aus dem Gleichgewicht bringt.

Ich habe jetzt fünfzig Wochen Zeit, um zu entscheiden, ob ich im nächsten Jahr unauffällig doch wieder ein saures Gurkenglas in unsere Krippe schmuggle. Selbstverständlich aus eigenen Beständen und ohne Sprung. Eine neue Kerze – statt der fast abgebrannten roten Adventskranzkerze – würde ich in diesem Falle sogar stiften. Sozusagen als Sühne.

Nachtrag: Ich bin gescheitert. Heute, im Gottesdienst am ersten Sonntag nach Epiphanias, muss ich die schmerzliche Entdeckung machen, dass die Heiligen Drei Könige sich mit den Hirten solidarisiert haben. Auch sie kehren dem Christkind ihre Rückseiten zu und beten die Ettenheimer Gottesdienstbesucher an.

Rumpelstilzchen, Saubär und Spinatwachtel – Lebe, was du bist!

Von den elf Archetypen des Mannes

Vorwort

Kürzlich hat (Ober-)Pater Anselm Grün (von dem ein allzu kritischer Zeitgenosse behauptete, Grün sei in der Lage, drei Manuskriptseiten zu einem ausgewachsenem Buch aufzublähen) zusammen mit seiner (leiblichen) Schwester Linda Jarosch (beide stammen aus einem Pasinger Elektrogeschäft, in dem auch meine Schwiegermutter Lisa Ertl vom nahen Lochham aus gerne Glühbirnen und sogar ein Bügeleisen kaufte) ein Werk veröffentlicht mit dem Titel Königin und wilde Frau – lebe, was du bist!

Das Buch hat – der Titel lässt es bereits vermuten – die vierzehn Archetypen der Frau zum Thema. Dabei werden diese Urprägungen zu Frauengestalten der Bibel in Beziehung gesetzt.

So wird es Zeit, dem Grünschen Entwurf elf männliche Archetypen entgegenzusetzen. Auf biblische Bezüge möchte ich dabei allerdings verzichten. Anselms und Lindas Buch zeigt nur zu deutlich, dass solche Verknüpfungen heikel sind und nicht ohne schmerzhafte exegetische Verzerrungen zu verifizieren wären.

Nach intensivem – auch selbstkritischem – Nachdenken (wohl wissend, dass in einem jeden von uns Männern Anteile all dieser Urbilder verborgen sind) konnte ich folgende männliche Archetypen entdecken: die beleidigte Leberwurst, das Rumpelstilzchen, den Saubär, das Honigkuchenpferd, die Schlafmütze, den Morgenmuffel, den Elefant im Porzellanladen, die Spinatwachtel, den Besserwissie, den Dackel und den Krachledernen.

Ich gestehe: Ein bisschen hat mich irritiert, dass 27,9 Prozent dieser männlichen Archetypen mit dem weiblichen Artikel »die« verbunden sind und dass den vierzehn weiblichen Archetypen nur magere elf männliche gegenüberstehen. Eine überzeugende Erklärung dafür muss ich schuldig bleiben. Gleichwohl rufe ich – in Anlehnung an Linda Jarosch und Anselm Grün – schon jetzt allen Geschlechtsgenossen zu: Lebt, was ihr seid: beleidigte Leberwürste, Rumpelstilzchen, Saubären und Honigkuchenpferde, Dickhäuter in Porzellanläden, Spinatwachteln, Morgenmuffel, Schlafmützen, Besserwissie und krachlederne Dackel!

1. Die beleidigte Leberwurst

»Beleidigt«, also von Leid betroffenes Wesen. Leiden können – welch hohe Gabe! Empfindsam sein, nicht verhärtet oder verkrustet, Gefühle mutig zeigen – welch ein Charisma! Auf Richtigstellungen verzichten, stolz und mit gehobenen Selbstwertgefühl, der aufrechte (Ab-)Gang, mit dem die ungerechte und unerfreuliche Kommunikation abgebrochen wird – das hat Charakter!

Leberwurst? Leber? In der Tat ist die Leber in solchen Augenblicken das zentrale Steuerungsorgan unserer Gefühle. Es ist ja die Leber, über die eine Laus gekrochen ist, eine winzige, schäbige, schmarotzende Laus, die mich kränken zu können meinte.

Man vergesse nicht, dass die Leber in inniger Verbindung zur Galle steht. Daher die Nähe zur Schwarzgalligkeit, zur Melancholie, der wir schon so viele tief anrührende Werke der Dichtkunst und Musik verdanken. Auch solche kreativen musischen Potentiale verbergen sich also in der beleidigten Leberwurst.

Wurst? Manchen mag diese Vorstellung befremden. Aber wie sollte man treffender das allseitig zusammengeschnürte Wesen dieses Archetyps umschreiben, in dem das aufgerührte Innenleben nur mühsam (aber tapfer) in seiner Pelle zusammengehalten wird.

Beleidigte Leberwurst, sei dir deines Wertes bewusst!

II. Das Rumpelstilzchen

Eins unserer Kinder namens Klein-Otto (Name geändert) neigte zu gelegentlichen jähen Zornesausbrüchen. Es blieb dann mit dem Bein wie angewurzelt stehen, während das andere wiederholt kräftig aufstampfte. Klassischer Fall von Rumpelstilzchen, jenem bereits von den Brüdern Grimm im neunzehnten Jahrhundert beschriebenen Archetyp.

Es ist nicht zu übersehen, dass dieser Typus mit einem gewissen Gefahrenpotential leben muss: Je nach Bodenbeschaffenheit – so berichtet die Fachliteratur aufgrund von Augenzeugen – könnte man beim Stampfen mit dem Bein im Boden stecken bleiben, was das Zornpotenzial erheblich erhöhen würde. Gelegentlich soll dann die beobachtete Person sogar das noch freie Bein mit beiden Händen gefasst und derartig nach oben gerissen haben, dass es zur ungesunden Teilung des Rumpfes kam. Indes wurde dieser Extremfall nur selten beobachtet.

Andererseits steckt im Archetyp Rumpelstilzchen – wer hätte das vermutet? – doch auch wieder das Zeug zum Großen. Unvergessen ist der Augenblick, als der Ministerpräsident Nikita Sergejewitsch Chruschtschow (Spitzenpolitiker einer Weltmacht im vorigen Jahrhundert) bei einer öffentlichen Sitzung aufs Höchste erregt einen Schuh vom Fuß riss und damit (ersatzweise für Fuß und Bein) kräftig und mehrfach auf den Sitzungstisch schlug. Bild und Ton gingen damals um die Welt und adelten so diesen Archetyp.

Achte das Rumpelstilzchen in dir! Tritt in seine ausgeprägten, tiefgrundigen Fußstapfen! Es könnte dir eine große Zukunft bescheren.

III. Die Schlafmütze

Diesem Archetyp ist eine nichts übereilende, liebenswerte Bedächtigkeit eigen, in sich ruhend und Ruhe ausstrahlend. Zweifellos hat dieser Typ eine gewisse Ähnlichkeit mit dem weiblichen Gegenstück, der »Transuse«. Ihn ficht nicht an, dass er gelegentlich verständnislose Ungeduldige nervt, oder gar auf tropische Bäume jagt.

Wer kennt ihn nicht, diesen sympathischen, leicht verknautschten, von einem etwas muffigen Rüchlein umgebenen Typus, der an Schreibtischen von Oberschulämtern und kleinstädtischen Polizeiposten seine idealen Lebensbedingungen gefunden hat. Wer schätzt nicht ihren, wenn auch gedämpften, so doch köstlichen Humor, der sich nach Bedarf dann aber doch auch wieder in milde Strenge wandeln kann. Wem imponiert nicht die Treue dieser Spezies, mit der sie gewissenhaft (ohne mit der Arbeitszeit zu geizen) in mühevoller Kleinarbeit Formulare ausfüllt und Statistiken erstellt, ohne die notwendigen Erholungsphasen zu vernachlässigen.

Der Leser verzeihe, wenn ich hier die dem sachlichen Referenten gebotenen Nüchternheit zurückstellte und mein Herz sprechen ließ.

Unterschätze nicht die Chance der Schlafmütze in dir! Solange unser Gemeinwesen des Beamten bedarf, hat dieser Archetyp Zukunft. – Oder nicht? Mich deucht, dass die Schlafmütze ein Hauch von Tragik umweht: Wer trägt – im Zeitalter der beheizten Schlafzimmer – denn noch eine Nachthaube? Droht die Schlafmütze als Folge der fortschreitenden Pyrotechnik überflüssig zu werden? Welch ein Verlust wäre das? Doch vielleicht überlebt ja eine Mutation der guten alten Schlafmütze: der sogenannte »Lahmarsch«.

IV. Die Spinatwachtel

Die Bestimmung dieses Archetyps ist schwierig, haftet ihr doch eine gewisse Janusköpfigkeit an: einerseits Spinat, andererseits Wachtel. Versuchen wir es mit einer autobiographischen Annäherung:

Der Hausarzt diagnostizierte bei mir als Kind einen zu

geringen Eisengehalt des Blutes. Dem galt es, mit täglichen Sonderportionen von Spinat zu begegnen. Inzwischen hat die medizinische Wissenschaft zwar nachgewiesen, dass die Annahme, Spinat enthalte besonders viel vom menschlichen Körper aufnehmbares Eisen, auf einen Kommasetzungsfehler bei der Auswertung einer Versuchsreihe zur Erlangung der medizinischen Doktorwürde zurückzuführen und damit falsch ist. Das kann aber in unserem Zusammenhang vernachlässigt werden. Man versuchte also, mir nicht geringe Mengen von vermeintlich eisenhaltigem Spinat zu verabreichen. Da ich aber eine angeborene Abneigung (um nicht zu sagen: unüberwindliche Abscheu) gegenüber allem Ehernen und Grünen habe, war es außerordentlich schwierig, mir dieses – sicher sonst unbedenkliche – Gemüse in ausreichendem Maße einzuflößen. Immer wieder soll ich (auf einem sorgfältig mit Zeitungen ausgelegtem Tisch liegend und von meiner durch Schürzen und Kopftücher geschützten Mutter gefüttert) das eingelöffelte Grün nach allen Seiten ausgeprustet haben. Das Versprühte wurde dann zwar wieder zusammengekratzt und – keineswegs mit größerem Erfolg – mir ein zweites Mal eingespachtelt ...

Wenden wir uns nun der Wachtel zu. Allerdings ist sie mir bisher lediglich in Delikatessläden (und dort auch nur nackt) begegnet, als bedauernswertes Miniaturhähnchen, zum Verzehr bestimmt. Ferner – doch da nur akustisch und zweifellos eintönig – in Beethovens SECHSTER SYMPHONIE (Ende des zweiten Satzes).

Ich verzichte auf weitere Erörterungen. Ohnehin scheint mir, als wenn ich den Archetyp der Spinatwachtel bisher in mir nicht voll akzeptieren und integrieren konnte. So sehe ich diesmal von Appellen (sie müssten zwangsläufig wenig überzeugend ausfallen) an meine Leser ab und überlasse ihnen, sich mit den Spinatwachtelanteilen ihrer Persönlichkeitsstruktur selbst auseinanderzusetzen.

V. DER GEMEINE SAUBÄR

Der Gleichklang könnte dazu verleiten die Worte »Saubär« und »sauber« miteinander in Verbindung zu bringen. Weit gefehlt! Der Saubär ist keineswegs sauber und unterwirft sich mitnichten irgendwelchen Reinheitsgeboten.

Vielmehr – als männlicher Gegentyp zum weiblichen »Sumpfhuhn« – manscht und panscht er schon als Kleinkind gerne in schmutzigen Pfützen, brauner Matsche, Unflat und Exkrementen.

Im gereiften Stadium erkennt man ihn an seinem dreckigen (sic!) Lachen (das oft etwas zu laut gerät, weil noch eigene letzte Hemmungen und Tabus bei anderen zu überwinden sind) und (wenn er denn uns sein Innerstes öffnet) an seiner schmutzigen Fantasie.

Von weiteren Ausführungen zu diesem Archetyp kann abgesehen werden. Gleichwohl muss ich auch hier davor warnen, den Saubär in sich zu verdrängen: Jeder ernst zu nehmende Psychologe wird bestätigen, dass selbst schon der Umgang des Kleinkindes mit aller Art von Schmutz für die Reifung der Persönlichkeit (und die Entwicklung des Saubären in sich) unverzichtbar ist.

VI. Der Dackel

Auch dies ist ein liebenswerter Archetyp, treuherzig und ergeben, seinem Herrchen (oder Frauchen) hinterherdackelnd.

Der Dackel ist im Allgemeinen wenig dominant, nimmt sich stets zurück, ist aber nur in seltenen Fällen unterwürfig. Aus niedriger Warte betrachtet er die Umwelt, erdnah, denn Gott verlieh ihm kurze Beine. (Die Behauptung, nicht Dackel, sondern Lügen hätten kurze Beine, muss in diesem Zusammenhang zurückgewiesen werden. Dackel wiederum haben zwar kurze Beine, aber nichts Verlogenes an sich). Seine Kurzbeinigkeit prädestiniert den Dackel zur »Niedrigkeit«, nach dem Magnifikat (Lukas 1) bekanntlich ein Synonym für die christliche Tugend der Demut.

Zwangsläufig lauert hier aber auch die Gefahr von Fehlentwicklungen: Sollte sich der Dackeltyp etwa mit seiner Demutshaltung übernommen haben, so wird er zum kleinlichen Kläffer, in besonders schwierigen Fällen sogar zum giftigen Wadenbeißer.

Die Gefahr erkennen, heißt auch hier, sie gebannt zu haben.

VII. Das Honigkuchenpferd

Ganz bei sich selbst ist es, ganz in sich ruhend. Bis dann ein strahlendes – wenngleich etwas naives – Lächeln aus ihm hervorbricht. So lesen wir in seiner Konzertkritik der BADISCHEN ZEITUNG beispielsweise über den (international noch nicht hervorgetretenen) Kirchenchordirigenten Hans Zimmermann aus Kippenheim: »strahlend wie ein Honigkuchenpferd, musste er sich erst einmal in eine Kirchenbank setzen und feierte dort einfach mit dem Publikum seine Akteure.«

Das Honigkuchenpferd ist in den Augenblicken reinster Selbstverwirklichung mit sich und der Welt uneingeschränkt zufrieden und der selbstverständlichen Überzeugung, dass alle anderen diese Empfindung teilen.

Um der wissenschaftlichen Genauigkeit und Redlichkeit willen darf aber auch hier die Schattenseite dieses Archetyps nicht verschwiegen werden: Es ist die mit Zuckerwasser bepinselte Klebrigkeit des Honigkuchenpferdes (auch Honigkuchenstern oder Honigkuchenherz). Nahezu ungenießbar wird das Honigkuchenpferd aber, wenn es nicht ganz gebacken ist.

In früheren – zugegebenermaßen roheren – Zeiten hängte man Honigkuchenpferde (beispielsweise zur Weihnachtszeit) an Tannenbäumen auf. So weit wollen wir im Zeitalter fortgeschrittener Toleranz aber keineswegs gehen.

VIII. Der Morgenmuffel

Eine (eher wieder negative) Besonderheit im Elferrat der männlichen Archetypen ist der Morgenmuffel.

Missmutig (in der Regel auch unpünktlich und ungewaschen) betritt, nein: schleicht, schlurft er in den Wohn- oder Arbeitsraum, schlechte Laune verbreitend. Sein Atem riecht nach minderwertigem Kaffee, wenn er den obligaten, jedoch verbal verkrüppelten Morgengruß entbietet. Wie schwer macht er es seinen Zeitgenossen! Deren frohes Morgenlied oder munter polterndes »Moin, moin« erstirbt auf den Lippen.

Der ungehemmten Verdrießlichkeit des Morgenmuffels gelingt es leider immer wieder, in anderen massive Schuldgefühle auszulösen, als seien diese für die Unerträglichkeiten seines Daseins verantwortlich.

Das einzig Positive – wenn man es denn so sehen will – ist die gleichbleibende Verlässlichkeit und wetterunabhängige Stetigkeit, mit der der Morgenmuffel uns begegnet.

IX. Der Elefant im Porzellanladen

Welch großartiges Bild: der Elefant im Porzellanladen! Der Elefant, einer der intelligentesten Säuger unseres Planeten, mit Recht in Reservaten geschützt, aufgepäppelt und populationiert. Begabt mit einer unvergleichlichen Nase, die er in nahezu alles reinhängen könnte – doch er bescheidet sich und verzichtet darauf: Diskretion.

Und dann der große Augenblick: Er betritt ein Fachgeschäft, einen Porzellanladen. Wen hat noch nie das kaum zu bändigende Verlangen überkommen, dieser nicht zu bezwingende Reiz, als Elefant diese oder jene Variante von Porzellanladen zu betreten und sein, des Elefanten Werk zu vollbringen, das ihm von Natur aus bestimmt ist!

Ganze Zwölferserien von goldgeränderten, blumigen Sammeltassen vom Regal zu fegen, die bauchig geschwungene Kaffeekanne mit dem Rüssel quer durch den Raum schleudernd, dabei gleichzeitig mit vier kräftigen Beinsäulen Türme von Tellern zermalmend, zuletzt genussvoll sich mit der gewaltigen Rückseite in die Meißner Nippesfiguren der Schaufensterauslage setzend. Da ein brünstig röhrender Hirsch, dort eine sich in einen Baum verwandelnde Daphne, von Apoll verfolgt … Sie sind nicht mehr.

So kraft- und reizvoll uns dieser Elefantenarchetyp im Porzellanladen auch erscheinen mag, muss ich doch darauf aufmerksam machen, dass diesem Typ etwas, ich möchte sagen: Destruktives innewohnt.

Außerdem: Haben Sie, lieber Leser, auch bedacht, dass eines der Porzellanerzeugnisse, auf die der Dickhäuter trat, ein – Fettnäpfchen sein könnte?

X. DER KRACHLEDERNE

Ein wahrhaft kerniger Typ, heimatverbunden, stets lautstark sein Kommen, seine Anwesenheit und seinen Abgang signalisierend.

Dem – wie er beteuert: degenerierten – Hoch- und Schriftdeutsch ist er abhold. Was nicht Mundart, Dialekt oder Heimatsproooch ist, gilt ihm als seelenlos.

Alles am Krachledernen ist gebändigte oder ungebändigte Kraft: die Gestalt, die Stimme, die Nahrung. Seine Lust hat er an Tätigkeiten wie Fingerhaken, Bäume sägen, Bierkrüge stemmen oder Stuhlbeine schwingen.

In Thomas Manns Gestalt des Permaneder aus den BUDDENBROOKS hat er seine literarische Manifestation und Weihe gefunden.

Was dem Dirigenten sein Frack, dem Pastor sein Beffchen, dem General seine brustbreiten Ordensschnallen und dem Chirurgen der blutverschmierte Weißkittel – das ist ihm, dem Krachledernen, seine Tracht, insbesondere das Lederbeinkleid mit lustig bunten Trägern. Diese Hosenträger unterscheiden ihn von allen anderen Würdenträgern.

Die Herkunft des Begriffes »krachledern« ist noch nicht restlos erforscht. Wahrscheinlich will das Wort daran erinnern, dass es im ledernen Teil dieses Archetyps gelegentlich »kracht«. Auch hier: kraftvoll. Oder um es in der Sprache der Musik zu sagen: *con forza*.

XI. Der Besserwissie

Unsere kleine Wanderung durch den schütteren (nur aus elf Bäumchen bestehenden) Wald männlicher Archetypen möchte ich – auch aus eigenem Interesse – mit dem »Besserwissie« beschließen.

Selbstverständlich gab es diese Urprägung schon immer, aber durch Entwicklungen in der jüngeren deutschen Geschichte (auf die wir stolz sein dürfen) hat der Besserwissie neue Aufmerksamkeit gefunden, ist in das Zentrum auch des politischen Interesses gerückt und so zum Fachbegriff geworden.

Ich gestehe frei: Die Vorbehalte mancher Menschen gegenüber dem Besserwissie sind mir nicht nachvollziehbar, ja unbegreiflich. Wie kann irgendein Wissen – und sei es das des Besserwissie – einen negativen Stellenwert haben! Wenn zwei Menschen sich austauschen, muss doch zwangsläufig einer von beiden mehr wissen als der andere. Soll man das dem Besserwissenden zum Vorwurf machen? Der Fall, dass beide exakt genau das gleiche Wissen haben und deswegen keiner von beiden der Besserwissende ist, wird mathematisch so unwahrscheinlich sein, dass er ausgeschlossen werden kann.

Gewiss: Es könnte sein, dass das Besserwissen des Besserwissies auf lediglich subjektiver (irrtümlicher) Einschätzung beruht. Dennoch besteht bei zwei Personen immerhin eine Wahrscheinlichkeit von fünfzig Prozent, dass der Besserwissie auch objektiv der Besserwissende ist. *In dubio pro reo.*

Ist nicht sogar der Verdacht erlaubt, dass derjenige, der den Besserwissie als solchen abqualifizieren möchte, aus niederen Beweggründen, sagen wir es offen: aus Neid agiert, Neid darauf, dass er selbst nicht der Besserwissende ist?

Indes: Wer will hier Schiedsrichter sein?

Lassen wir uns also nicht beirren und haben wir weiter den Mut und das stolze Selbstbewusstsein des Besserwissie, wenn denn schon dieser Archetyp in uns prägend zur Wirkung gekommen ist. Auch hier gilt: Sei, was du bist!

Ein ganz besonderes Pferd

Liebe Leonie,
vor einiger Zeit hast du uns schon einmal eine selbsterdachte, schöne Pferdegeschichte vorgelesen, und zu meinem Geburtstag hast du mir ein Reitpferd gemalt. Deswegen habe ich jetzt für dich zum Geburtstag auch eine Pferdegeschichte geschrieben. Sie heißt:

Ein ganz besonderes Pferd

Im Stall eines Ettenheimer Bauern erblickte vor etlichen Jahren ein Fohlen das Licht der Welt. Es trank in der ersten Zeit Stutenmilch seiner Mutter, dann lernte es Gras oder Heu zu fressen und Wasser zu saufen.

Weil sich das Fohlen aber für etwas Besonderes hielt, machte es dem Bauern eines Tages durch Tritte und Bisse unmissverständlich klar, dass einem ganz besonderen Fohlen auch etwas Besonderes zusteht: Es gab nicht eher wieder Ruhe, als bis der Bauer feine Mohrrüben, Apfelschnitze und Zuckerstücke unter das Futter mischte. Und wenn der Bauer die Mischung nicht richtig getroffen hatte, war das Fohlen unleidlich.

Eines Tages wurde das dem Bauern zu bunt: »Weißt du was? Du machst mir zuviel Arbeit und kostest mich zu viel.

Ich verkaufe dich an den Kutscher. Soll der sehen, wie er mit dir zurechtkommt.«

Das junge Pferd, das inzwischen aus den Fohlenjahren herausgewachsen war, nickte energisch: »Nur zu! Für ein ganz besonderes Pferd, wie ich es bin, passt es ohnehin nicht, mit einem Bauerntölpel zu verkehren!«

So kam unser Pferd zum Kutscher, der im schicken Trachtenanzug mit ziergezäumtem Pferd auf blumengeschmücktem offenem Wagen Brautpaare zur Kirche und Schützenkönige zum Festplatz fuhr.

Man kann doch gleich sehen, dass ich etwas Besonderes bin, dachte das Pferd und nickte bekräftigend bei jedem Schritt mit dem Kopf. Als der neue Pfarrer eingeführt und vom Pfarrhaus in die Kirche gefahren werden sollte, gab sich unser Pferd nicht eher zufrieden, als bis der Kutscher ihm am Zaumzeug einen goldblitzenden Messingreifen so befestigt hatte, dass er über Kopf und Ohren wie ein Heiligenschein aussah. Gemessenen Schrittes und mit frommem Augenaufschlag ging unser Pferd vor der Kutsche her, und jetzt sah auch der Letzte, dass es wirklich etwas ganz Besonderes war.

Aber wer ist schon zufrieden mit dem, was er hat! Immer anspruchsvoller wurde das Tier: Die Mähne musste in schönen Zöpfen geflochten sein, und in die Spitzen der Schwanzhaare waren bunte Perlen einzuknoten. Schließlich forderte es unmissverständlich, dass es nicht länger ungeschützt mit seinen zarten Hufen durch den Dreck der Straße zu gehen gedachte, sondern bunt bestickte Pantoffeln bräuchte. Aber da war auch die Geduld des Kutschers endgültig zu Ende. Er verkaufte das anspruchsvolle Tier an eine Baronesse oder Möchtegernprinzessin. Selbstverständlich war unser Pferd einverstanden. Unter einer Bedingung: Auf dem Messingreif, der einmal einen Heiligenschein darstellen sollte, musste der Schlosser einige goldene Zacken anlöten, damit das Ganze jetzt wie eine Krone aussähe.

Jetzt waren die beiden, Prinzessin und Pferd, wirklich etwas Besonderes, ganz und gar vornehm, auch wenn es nie ganz zu vermeiden war, dass seinem Hinterteil gelegentlich ein donnerndes Geräusch entfuhr. Der Eindruck blaublütiger Noblesse litt darunter nur unwesentlich. Den Leuten, die ihnen entgegenkamen, blieb vor Staunen der Mund offen stehen.

Kein Wunder, dachten Pferd und Möchtegernprinzessin, wir sind ja schließlich auch etwas ganz Besonderes!

Das andere sahen und hörten die beiden allerdings nicht: Wenn die beiden vorbeigeritten waren, dann ging den Leuten in ihrem Rücken der Mund mehr und mehr in die Breite zu einem vergnügten, fast unverschämten Grinsen. Und manche hielten sich sogar den Bauch vor Lachen über die beiden Sonderlinge.

Auch Pferde werden älter, werden zum Gaul oder gar zur Schindmähre. Selbstverständlich begegnete unser Pferd auch dem mit ganz besonderen Maßnahmen: Es ließ sich ein künstliches Gebiss nach neuestem Stand der zahnärztlichen Wissenschaft implantieren. Und wenn das auch etwas klapperte – mit seinen gelifteten Ohren und der lila Perückenmähne war das alles doch immer noch recht eindrucksvoll.

Irgendwann – das war unserer alten Mähre völlig klar – würde sein irdisches Leben zu Ende sein. So setzte es ein Testament auf. Und dies war sein letzter Wille: »Da ich bekanntlich etwas ganz Besonderes bin, möchte ich im Ettenheimer Heimatmuseum ausgestopft in einer Vitrine stehen, mit der Aufschrift »Ein ganz besonderes Pferd«.

Selbstverständlich wurde unserem Pferd sein vergleichsweise bescheidener Wunsch erfüllt. Der Präparator machte sich an die Arbeit, räumte das Innere aus dem Pferdebalg heraus und stopfte einen ganzen Wagen Heu hinein. Ja, der Herr Präparator ging sogar über den letzten Willen des Tieres weit hinaus: Er stellte das ausgestopfte Tier so in die Vitrine, dass der Kopf leicht nach links oben gehoben war, und aus dem geöffneten Maul (in dem unsichtbar ein leistungsfähiger Lautsprecher mit entsprechender Diskette eingebaut war) sollte das stolze Wiehern eines ganz besonderen Rosses zu hören sein.

Allerdings musste der Herr Präparator wohl etwas verwechselt haben. So kam es, dass man (als der Bürgermeister das kolossale Ausstellungsstück vor der erwartungsfrohen Bürgerschaft einweihte) statt des stolzen Wiehern nur ein grauenhaftes, grautierhaftes I-ah hörte.

Wirklich: ein ganz besonderes Pferd!

GENESE EINER SOCKE

Eine gewisse Kompetenz in Sockenangelegenheiten wird man mir nicht absprechen können. Bereits von meinem siebten Lebensjahr an erhielt ich von meiner Großtante Fräulein Emilie Greiner – in der Familie kurz »Ta' Miele« genannt – alljährlich zum Weihnachtsfest ein paar selbstgestrickte Socken (im Bündchen »zwei rechts, zwei links«, im Fußteil »glatt rechts«}. Die Überraschung war jedes Mal groß, mein Kinderjubel unbändig. Ta' Miele war nicht irgendeine beliebige Hobbystrickerin, sondern Profi. Sie erteilte in einer Mädchenklasse der Volksschule den Unterricht im Fach »Handarbeiten«. Mehr noch: Sie war eine hochdekorierte Sockenstrickerin. In den unseligen Jahren des Ersten Weltkrieges, als Soldaten mehrerer Nationen mit spitzen Bajonetten aufeinander einstachen, setzte sie auf spitze Stricknadeln und fertigte mit ihren Schulkindern ungezählte Socken und Pulswärmer für unsere tapferen deutschen Soldaten. Dafür wurde ihr vom Kaiser – wenn auch nicht persönlich – der Kriegsorden dritter Klasse samt Urkunde überreicht. Letztere befand sich bis vor Kurzem noch im Familienarchiv. Dass der Krieg dennoch verloren wurde, lag gewiss nicht an mangelnder Qualität von Ta' Mieles Socken.

Von meinem neunten Lebensjahre an, mitten im Zweiten Weltkrieg, begann ich meinerseits, unter Anleitung meiner

Mutter, Socken zu stricken. Weil es in jenen Jahren an Baum- und Schafwolle mangelte, wurden alte Pullover, Schondeckchen, Nachtjacken und Bettüberwürfe unbarmherzig aufgeribbelt und neu verarbeitet. Zu Socken und Kniestrümpfen. Im Laufe der Monate vervollkommnete ich meine Strickfähigkeiten nicht unerheblich. Noch heute kann man in unserer Glasvitrine zwei von mir kunstvoll gefertigte Kniestrümpfe im Miniformat bewundern. Trachtenlook mit Zöpfchenmuster und Zierzähnchen oben am Bündchen. Das alles aus weißer – allerdings schmutzempfindlicher – Baumwolle. Übrigens waren diese Kniestrümpfchen ein Weihnachtsgeschenk für die Puppe meiner (damals) großen Schwester Butzi.

Da ich diese und alle anderen Strümpfe nicht für unsere auch diesmal glücklosen Frontsoldaten gefertigt hatte, wurde mir verständlicherweise nie ein vaterländischer Orden zuteil ...

Doch keine weiteren Abschweifungen, Vorbemerkungen und Ausflüchte. Zur Sache: Genese einer Socke. Und zwar einer ganz bestimmten.

Es war Anfang Februar. Eine meiner Nichten – nennen wir sie aus Diskretionsgründen einfach »Ines Ge.« und verraten wir im Übrigen nur noch, dass sie in musischen Momenten gerne zu einem »Holzblasinstrument mit dreiundzwanzig Löchern« greift – diese die Identität bewusst verschleiernde Umschreibung verdanke ich der Kreuzworträtsel-Definition einer EDEKA-Kundenzeitschrift.

Ines also überraschte mich mit dem schriftlichen Angebot, Socken für mich stricken zu wollen. Ich müsse nur die Schuhgröße angeben und Farbwünsche äußern. »Allerdings fallen meine Strümpfe nicht immer perfekt aus«, schloss sie.

Ich überging die knappe Schlussbemerkung und schrieb hocherfreut zurück: »Schuhgröße zweiundvierzig, Farbe: mittelgrau oder braun.« Und da ich Ines gelegentlich knapp bei Kasse weiß, fügte ich hinzu: »Nach meinen Erkundigungen in einem Ettenheimer Geschenkelädele, das auch handgestrickte Socken verkauft, liegt der Preis für Socken meiner Größe bei etwa fünfzehn Euro. Socken, von der eigenen Nichte gestrickt, sind mir glatte zwanzig Euro wert.« – Ihre Rückantwort: »Geht in Ordnung. Danke für den Auftrag.«

Ende März – inzwischen waren fünf oder sechs Wochen ins Land gegangen – hielt ich eine vorsichtige Erinnerung für angebracht. So schloss ich meinen monatlichen Erzählbrief mit dem Satz: »In freudiger Erwartung der handgestrickten Socken grüßt dich Onkel Klaus.«

Jetzt kam die Angelegenheit in Fluss. Anruf von Ines am nächsten Tag bereits. »Habe gerade vierundsechzig Maschen aufgenommen […] scheint aber zu viel zu sein. Ich muss unbedingt deinen Wadenumfang wissen.« – »Wadenumfang? Ich will doch Socken und keine Wadenstrümpfe.« – »Ich brauche aber trotzdem den Wadenumfang.« – »Na, ich schätze mal sechsundvierzig Zentimeter.« – »Gut, ich mache mich jetzt an die Arbeit.«

Eine Stunde später kommen mir Bedenken. Sechsundvierzig Zentimeter? Fast ein halber Meter? Das dürfte übertrieben sein. Die Kontrolle mit dem Bandmaß ergibt lediglich fünfunddreißig Zentimeter an der Wade und kümmerliche vierundzwanzig Zentimeter Fußfessel. Au Backe! Also Rückruf und Korrektur. – Zu spät. Ines hat bereits mehrere Reihen gestrickt. Etwas indigniert: »Soll ich jetzt etwa alles wieder aufribbeln und von vorne anfangen?« – »Bloß nicht! Ist auch so okay.« – Sie: »Du darfst aber keine überzogenen Erwartungen haben, was das Aussehen der Socken angeht!« – »Na ja, notfalls kann man sie ja immer noch als Bettsocken im Winter verwenden.« – »Das auf jeden Fall.«

Allmählich beunruhigen mich die wiederholten Warnungen doch etwas, und vorsichtige Rückfragen bei Ines Mutter sind auch nicht geeignet, meine wachsende Besorgnis zu zerstreuen. Was, wenn die Socken zu kurz, zu weit, zu eng oder ganz einfach formlos werden?

Als erfahrener Krisenmanager (bisher allerdings nur im Raum der Kirche) entwerfe ich einen Systemkrisenplan. Mit welchen Problemen (bis hin zum Supergau) muss man rein theoretisch rechnen?

Zunächst geht es also darum, mögliche Probleme aufzulisten, in einem zweiten Schritt werde ich dann Problemlösungsmöglichkeiten entwickeln.

Vorstellbare Probleme

1. Die Sockenröhre wird zu weit.
2. Die Sockenröhre wird zu eng.
3. Das Fußteil ist zu lang.
4. Das Fußteil ist zu kurz.
5. Die Wolle reicht nicht.
6. Es wird nur ein einzelner Socken fertig.
7. Es bleiben nur einzelne zerzauste Wollfadenreste zurück (sogenannter Super-GAU).

Problemlösungsmöglichkeiten

Fall 1
(Die Sockenröhre ist zu weit)
Nach alter Hausfrauenweise machen wir einen Abnäher, durchgehend »von oben an bis unten aus«.

Alternative: Wir verwenden eine alte Fahrradherrenhosenklemme als Sockenraffer. Auch Sicherheitsnadeln und Wäscheklammern sind denkbar. Man könnte diese sogar als modisches Accessoire ausgeben.

Weitere Alternative: Wir stecken beide Füße in eine der beiden überweiten Socken und verwenden sie als muffartige Bettsocke. Vorsicht beim nächtlichen Verlassen des Bettes (Unfallgefahr)! Sollte ich als Strampler die Socke nächtens häufiger verlieren, greift die nächste Alternativproblemlösung:

Dabei setzen wir auf die Renaissance einer Erfindung, die mir aus der Kindheit in eindrücklicher Erinnerung ist: Damals trugen wir kratzige, lange braune Strümpfe, die gern runterrutschten und hässliche Wulste um das Knabenbein bildeten. Um dies zu verhindern, wurde uns ein sogenanntes »Leibchen« angelegt, an dem rechts und links Gummistrapse herunterhingen, an deren Enden die Socken in einen besonders geformten Metallring und – als Gegenstück – in eine Lasche mit Gummiwarze und Metallring eingeklemmt wurden. Das hielt die Strümpfe einigermaßen oben. Diese sinnvolle Erfindung könnte man reaktivieren. (Nur: Was wird meine Frau dazu sagen?)

Fall 2
(Socke zu eng)
Gelegentlich sieht man bei eleganten engen Damenröcken weit

hinaufreichende, seitliche Schlitze. Mit vorsichtigen Schnitten einer geeigneten Schere ließe sich bei Socken analog verfahren. Achtung: Die Maschen rechts und links vom Schnitt müssen aufgefangen werden.

Fall 3
(Fußteil zu lang)
Siehe Vorschläge zu Fall 1

Fall 4
(Fußteil zu kurz)
Analog zu Fall 2 kann man mit einer geeigneten Schere angenehme Zehenfreiheit erreichen.

Fall 5
(Die Wolle reicht nicht)
Wolle nachkaufen. Sollte die gleiche Wolle nicht mehr lieferbar sein, nutze kreativ Ersatzwolle in Komplementär- oder Kontrastfarben.

Fall 6
(Zeit und Material reichen nur zu einem Einzelstrumpf)
Verwende die Socke als Sparstrumpf. Alternative: Aufribbeln und Topflappen häkeln!

Fall 7, sogenannter Super-GAU
(Es sind nur noch einzelne, verstümmelte Wollfäden übrig geblieben)
Biete die Wollreste unseren gefiederten Gartensängern als Polstermaterial für den Nestbau an. Sie werden es dir danken, und das kann einem ruhig auch einmal zwanzig Euro wert sein.

Nachdem ich meine Katastrophenstrategie in dieser Weise schriftlich niedergelegt hatte, überkam mich große Erleichterung, ja tiefe Befriedigung. Warum hatte ich mir überhaupt Sorgen gemacht? Es kann gar nichts schiefgehen. Was sich auch bei der Genese der Socken ereignen mag – immer wird es eine zufriedenstellende Lösung geben.

Nun warte ich ungeduldig schon weitere zwei Wochen: Wann endlich kommen die Socken? Welche meiner Problemlösungen wird greifen? Nummer zwei, eins b oder gar sieben?

Dienstag 14:10 Uhr. Das Telefon schrillt in meinen Mittagsschlaf hinein: »Hier ist Ines. Ich ruf nochmal an wegen der Socken.« – »Und ... sind sie fertig? Toll!« – »Nee, ich bin augenblicklich nicht so gut drauf und brauch doch etwas länger. Aber du könntest mir ja schon mal die zwanzig Euro schicken.« – »Nö, hab ich eigentlich nicht vor.« – »Ich könnte sie aber gut gebrauchen. überleg's dir nochmal.«

Seit einigen Wochen habe ich von den Socken nichts mehr gehört. Es muss jetzt ernsthaft damit gerechnet werden, dass dieses Traumpaar nie das Licht der Welt erblicken wird. Das gilt es zu verkraften. Dass ich zwanzig Euro gespart habe – ein schwacher Trost. Auch wenn ich über den imaginären Verlust hinwegkomme, bleibt eine Spur von Enttäuschung und Trauer zurück: War mein geniales Katastrophenmanagement ganz umsonst und überflüssig? Stieß die Kreativität meiner Problemlösungen ins Leere? War es nur ein Phantom-Nebel, der sich unter den Sonnenstrahlen der Realität in Nichts verflüchtigte? Immer wird mit dem Gedanken an die ungeborenen Socken ein Hauch von Trauer zurückbleiben, vermischt mit einem Rüchlein meines Fußschweißes.

Und doch: »Noch ist nicht aller Tage Abend« und »Die Hoffnung stirbt zuletzt«. Vielleicht kommen die Socken ja doch noch. In zwei oder sieben Monaten ... übers Jahr? In diesem Fall habe ich für den Schluss meines Berichtes folgende Alternativen vorgesehen, die je nach Umständen abgewandelt werden können, nicht jedoch der abschließende Satz. Mit anderen Worten: Mein Fußschweiß steht nicht zur Disposition.

Alternative für den Schluss des Berichts:

Endlich ist es soweit. Die Post bringt heute ein Päckchen von Ines. Mit zitternden Händen reiße ich die Verpackung auf: die Socken! Abgesehen von ganz unbedeutenden kleinen Schönheitsfehlern eine fast perfekte Schöpfung. Meine Freude ist kaum in Grenzen zu halten.

Und doch bleibt ein Hauch von Enttäuschung und Trauer zurück: War mein geniales Katastrophenmanagement ganz umsonst und überflüssig? Stieß die Kreativität meiner Problemlösungen ins Leere? War es nur ein Phantom-Nebel, der sich unter den Sonnenstrahlen der Realität in Nichts verflüchtigte? Bei aller Freude über meine neue Fußbekleidung – immer wird mit diesen Socken ein Hauch von Trauer verbunden sein, vermischt mit einem Rüchlein meines Fußschweißes.

Pralinen

Tante Marlis, von uns Kindern kurz und respektlos Ta' Marlis genannt, war Diakonisse. Hinter der großen gestärkten weißen Schleife ihrer Diakonissenhaube verbarg sich ein Kropf, der mich immer etwas verlegen machte. Man hatte ihr wiederholt nahegelegt, den Auswuchs von einem der beiden Chirurgen des Diakonissenkrankenhauses operativ entfernen zu lassen. Sie verzichtete darauf mit der Begründung, dass einer der beiden Chirurgen gekränkt sein könnte, wenn sein Kollege den Eingriff machen dürfe. Ta' Marlis lebte im Diakonissenmutterhaus zusammen mit andern: der Haushaltsleiterin, der Lehrschwester, der Oberin, deren tollkühner Chauffeuse (immer in Tracht unterwegs) und den Novizinnen, für die Ta' Marlis als Probemeisterin verantwortlich war.

In der Dienst- und Lebensgemeinschaft so vieler Frauen gab es natürlich zahlreiche Anlässe, sich gegenseitig mit einem kleinen Geschenk zu überraschen: Geburtstage, Jubiläen, Festtage. Für solche Gelegenheiten hatte Ta' Marlis in ihrer Kommode einen ansehnlichen Stapel von Pralinenschachteln liegen, bunt bedruckt mit einem farbenfrohen Rausch von Rosen oder nackten Engelchen. All diese Köstlichkeiten hatte sie nicht von ihrem schmal bemessenen Diakonissentaschengeld erstanden, sondern bei verschiedenen Anlässen selbst geschenkt bekommen.

Eines Tages bemerkte Ta' Marlis, dass unter den ihr überreichten Pralinenschachteln auch solche zu entdecken waren, mit denen sie selbst erst vor wenigen Monaten Freude geschenkt hatte. Über mehrere Zwischenstationen waren diese nun wieder als eine Art Wanderpokal zu ihr zurückgekehrt und warteten darauf, erneut in den Kreislauf des Schenkens und Erfreuens eingegliedert zu werden.

Ta' Marlis entschloss sich, wenigstens einen Teil ihrer Konfektschalen diesem Ringtausch künftig zu entziehen … So kam es, dass eines Jahres etliche der ansehnlichen Präsente auf unseren weihnachtlichen Gabentischen landeten. Die Freude war unbeschreiblich. Wir rissen das Zellophanpapier ab, öffneten die erste Schachtel – vor uns lag in den gekräuselten Papierchen so etwas wie ergraute, verschrumpelte, abgelebte kleine Mäuse. Bei einigen war der Schokoladenboden eingezogen, weil die Likörfüllung verdunstet war. Die Schrumpfrosine im Innern war wohl einmal eine Kirsche gewesen. Andere Pralinen waren zu einem amorphen Mini-Kuhfladen zerschmolzen. Vermutlich hatte eine der Vorbesitzerinnen die Konfektschachtel vorübergehend auf dem Heizkörper geparkt. Die anfängliche Enttäuschung versuchten wir zu überspielen mit der gegenseitigen Versicherung, dass Pralinen in erster Linie ja nicht für den optisch-ästhetischen, sondern den oralen Genuss bestimmt seien. Also probieren! Unverkennbar das leicht ranzige Aroma und der seifige Nachgeschmack! Bis zum heutigen Tag ist mir nicht klar, ob diese Metamorphose von Praline zu Seife ein natürlicher chemischer Alterungsprozess ist oder ob der Seifengeschmack von den stark duftenden Luxusseifen herrührte, die in Ta' Marlissens Kommode unmittelbar neben den Pralinenschachteln lagerten, um in den Ringtausch des Schenkens und Freudespendens als Alternative eingeschleust zu werden.

Natürlich hätten wir späte Erben all der Köstlichkeiten von der auf den Schachteln aufgedruckten Möglichkeiten Gebrauch machen können, dass man diese – im unwahrscheinlichen Fall, man habe an der Qualität dieser Kreationen etwas auszusetzen – zurücksenden und umtauschen könne. Aber wäre das nicht eine posthume Kränkung der großherzigen Geberin gewesen, die uns zweifellos eine besondere Freude hatte machen wollen? Außerdem gab es die Confiserien, die diese Produkte vor Jahren mit soviel Liebe und Dekorationskunst hergestellt hatten, vermutlich längst nicht mehr.

Einige Pralinenschachteln, von denen ich hier berichte, haben offenbar die entbehrungsreichen Nachkriegsjahre und alle dann folgenden Fresswellen überdauert und wurden von mir kürzlich auf dem Speicher entdeckt. Ich bin gewiss, dass ihr diese meine erinnerungsgesättigte Weihnachtsgabe 2013 in Pietät zu den Altvorderen, insbesondere zu Ta' Marlis, zu schätzen wisst.

Inhalt

Gurkenglas
eine nachweihnachtliche Beichte 5

Rumpelstilzchen, Saubär und Spinatwachtel – Lebe, was du bist!

Vorwort 10
I. Die beleidigte Leberwurst 12
II. Das Rumpelstilzchen 13
III. Die Schlafmütze 14
IV. Die Spinatwachtel 15
V. Der gemeine Saubär 17
VI. Der Dackel 18
VII. Das Honigkuchenpferd 19
VIII. Der Morgenmuffel 20
IX. Der Elefant im Porzellanladen 21
X. Der Krachlederne 22
XI. Der Besserwissie 24

Ein ganz besonderes Pferd 26

Genese einer Socke 31

Pralinen 41

Besuchen Sie uns im Internet:
www.karin-fischer-verlag.de
www.deutscher-lyrik-verlag.de

*Bibliografische Information
der Deutschen Nationalbibliothek*
Die Deutsche Nationalbibliothek verzeichnet
diese Publikation in der Deutschen Nationalbibliografie;
detaillierte bibliografische Daten sind im Internet über
http://dnb.d-nb.de abrufbar.

*Bibliographic information published
by the Deutsche Nationalbibliothek*
The Deutsche Nationalbibliothek lists
this publication in the Deutsche Nationalbibliografie;
detailed bibliographic data is available in the Internet at
http://dnb.d-nb.de.

Originalausgabe · 1. Auflage 2014

Copyright © 2014 Klaus Zillessen
Copyright © für diese Ausgabe 2014
Karin Fischer Verlag GmbH
Wallstraße 50, D-52064 Aachen

Alle Rechte vorbehalten

Gesamtgestaltung: yen-ka
Umschlagzeichnung:
»Spinatwachtel« von Klaus Zillessen

Hergestellt in Deutschland

ISBN 978-3-8422-4261-6